クロミの
『歎異抄』

ありのままの心を開くカギ

朝日文庫

はじめに

『歎異抄』は、鎌倉時代の僧・親鸞の弟子の
唯円によって、
書かれたといわれている本です。

親鸞の教えが記された『歎異抄』には、
時代を問わず人々の心をひきつけるメッセージが、
たくさん含まれています。
なかでも、
「悪人であるからこそ救われる」という考えは、
失敗や後悔を引きずりがちな人に、
新しい視点を与えてくれるはずです。

「自分自身とどう向き合うか」
「現実をどのようにとらえるか」
「どんなふうに生きていきたいか」

悩みを抱えながら生きる人にこそ、
届いてほしい言葉がたくさんあります。

クロミと一緒に、
『歎異抄』の世界をのぞいてみましょう。

KEYWORDS

13　誰にアドバイスをもらうかは、
　　しっかり熟考して自分で決めたほうがいい。

14　本当に優れた人は自分の能力をひけらかして
　　相手を脅かしたりしないもの。

15　いろいろ考えすぎずただ信じて進んでみたら
　　うまくいくかもしれない。

16　知識を振りかざして詰め寄ったりせずに
　　相手を思いやってみよう。

17　「自分は恵まれている」という視点で
　　世界を見たらもっと優しくなれる。

18　良いか悪いかで考えるよりも
　　もっと視野を広げておおらかに物事を受け止めよう。

20　未来を知ることはできないけれど、
　　未来は明るいと信じることはできる。

21　知識があるかないかだけで相手のことを
　　判断して見下すなんてかっこ悪い。

22　勉強がすべてではない。
　　でも、かなえたいことがあるのなら努力してみるのもいい。

23　むずかしい言葉ではなく誰にでも伝わるように
　　わかりやすく話せる人がいい。

24　本に書いてあることを鵜呑みにするのではなく
　　その真意について考えてみよう。

25　手当たり次第に学ぶより自分にとって
　　必要な知識を正しく得ることに注力しよう。

26 　相手は相手、自分は自分。
　　それぞれに大切なものがある。

28 　誰かに勝つために必死にがんばらなくてもいい。
　　自分らしく生きることが大事。

29 　自分が好きなことを誰かに否定されたとしても
　　堂々と「これが好き」と言おう。

30 　人の心を疲弊させるような争いの場からは
　　さっさと立ち去ること。

31 　ひとつのものごとに信じる人と信じない人の
　　どちらもいるのは自然なこと。

32 　「自分は絶対幸せになれる」と信じている人は、
　　どんな状況でも幸せになれる。

33 　「これしか方法がない」と思い込むのは
　　危険なこと。

34 　人に期待するのではなく
　　自分を信じて自分のために進もう。

35 　誰かに見られていなくても
　　悪いことをすれば自分の心が傷つくよ。

36 　尊敬する人から言われたことも
　　自分が違うと思ったならきちんと伝えたほうがいい。

37 　これまでがうまくいかなくても
　　これからの人生で大成功したっていいんじゃない？

38 　怒られないからといって
　　わざわざ悪いことをして気を引くなんてナンセンス。

39 あとでなんとかなるからと今を適当に過ごせば
人生はずっとつまらないまま。

40 人生は偶然の連続。良いことが重なることもあれば
悪いことが重なることもある。

42 どんな仕事をしている人も社会に
必要とされているのだから胸を張って生きよう。

43 欲張りだっていいじゃない。
やりたいことがたくさんあるって素敵なこと。

44 自分がしてきた悪いことも
今抱えている不安も全部持ったまま前に進もう。

45 何が正しいかは立場で変わる。
人の間違いを正そうと必死になるのはやめよう。

46 自分の過去に押し潰されそうなときは
心静かに自分と向き合おう。

47 「ありがとう」をたくさん言おう。
感謝の言葉を使っていたら良いことも起きるよ。

49 自分の力ではどうしようもないことに
囚われていてもしかたがない。今できることをやろう。

50 誰かを傷つけたことをずっと後悔し続けるより、
今からでも「ごめん」と謝ろう。

51 一歩一歩進むことが大切。
あきらめずにがんばれば最後は必ずたどり着ける。

52 つらいときや不安なときは目的を決めて
動いてみよう。その先に答えがあるかもしれない。

53 黒歴史を消し去ろうとするより
これからどう生きるか。

54 自分ができるからって
できない人のことを見下すのはかっこ悪い。

55 誰にだって挽回の機会はある。
タイミングを逃さないで。

56 自分の能力を見くびるのは自分に失礼。
何だって挑戦してみよう。

57 可哀想な人を救おうなんておこがましい。
自分のことをまずがんばろう。

58 悪いことをした人を一斉に責め立てる人たち。
本当にそれでいいの？

59 すごい人にだって最初の一歩はあった。
その一歩を今踏み出そう。

60 人は不完全な生き物。完璧にはなれないけれど
自由に生きることはできる。

62 見守ることも友情。
求められたときに手を差しのべて。

63 自分だけが悪いと思い込まないで。
落ち込むより前を向こう。

64 今のままではダメだと心の底から気づいたときに
人は変わることができる。

65 すべてを善悪で考えない。
「悪人」をただ避けたって幸せにはなれない。

66 ものごとを自分の考えだけですぐに決めつけていたら
大切なことが見えなくなる。

67 覚悟するって大切。
自分の心が決まれば物事は動き出すから。

69 違う能力を持った人同士が手を組むことで
大きな力が生まれる。

70 うまくいかないときは
自然の流れに身を任せてみればいい。

71 みんなが言っているからといって
それが正しいこととは限らない。自分の頭で考えよう。

72 不幸になることを恐れるよりも
「誰もが幸せになれる」って信じてみてもいいんじゃない?

73 良い情報を得たいなら
言われたことをきちんと考えよう。

74 何か大きなことを成し遂げたいなら
小さなことから始めよう。

75 人の一面だけを見て
良い人、悪い人と決めつけるのはやめよう。

76 お金をたくさん持っていても自分や
仲間を信じられない人生は楽しくないんじゃない?

77 自分がやりたいことをやろう。
最初は見向きもされなくてもいい。必ず認められる日がくる。

78 どんなことにも賛否両論あるのがあたりまえ。
いろんな考えがあっていい。

79 相手が思っていることを正しく理解するのは
むずかしい。コミュニケーションが大切。

80 縁を大切にすれば道は開ける。
支えてくれている人たちの存在に気づこう。

81 「あの人が言っていたよ」という言葉を
鵜呑みにはせず本人に確認してみよう。

82 世界は自分が思っているより優しい。そう思って
現実を見てみれば迷いから抜け出すことができる。

84 善と悪で判断するより
みんなが幸せになれる方法を考えるほうがいい。

85 信じる力は偉大。
信じ続けられる人にはちゃんと道が開けるもの。

86 未熟だからとか年だからとか関係ない。
今やりたいことをやろう。

87 「悪いことが起きたらどうしよう」
不安になるときは胸に手を当てて「大丈夫」と言おう。

88 答えを人に求めすぎない。
どう生きるべきかは誰も教えてくれないから。

89 やらずに後悔するよりもやってみたほうがいい。
失敗しても経験になるから。

90 人生がうまくいくコツは意外と単純。
「うまくいく」って信じること。

91 大切なものを曲げてまで
人の要求に無理に応える必要はない。

92 人が言うことを何もかも疑うより、
信じる心を持ってみよう。

93 自分にできることを精一杯やったら
あとは結果を待つのみ。

94 本気でやってみてできなかったら
「よくがんばったね」と自分を褒めよう。

95 自分の意見を言う前に
尊敬する人の話をまずしっかり聞いてみる。

96 誰かが勧めることを
やるかやらないかはその人次第。

97 得するからではなく、いつだって良いことを
選んでする。そのほうが気持ちよく過ごせるよ。

99 これまでの人生で良い行いができなかった人にも
良いことは起きる。

100 誰もが弱さを持っているから迷いがあるのは当然。
迷ってもいいからやってみよう。

101 強い人にならなくていい。
必要なときに助けを求めよう。

102 すべての人の役に立とうなんて無理。
完璧を求めすぎず自分ができる範囲でやろう。

104 同じ分野で学んでいても考え方が違うこともある。
それぞれ意見交換しよう。

105 苦しくてつらいときこそ大切な人や家族を想おう。
きっと力を与えてくれる。

106 家族や友人が困っていたら「助けてあげよう」と思うより
「この人は大丈夫」と信じてみよう。

107 派閥争いなんてみっともないし
誰に学んだかなんて関係ない。ひとりひとりの志が大切。

108 部下も後輩も同じチームメイトだから
尊重して接しよう。

110 人との縁にもはじまりと終わりがある。
それは悲しいことではない。

111 権力を振りかざして自分の意見を
通そうとする人からはすぐに離れよう。

112 「自分がしてやっている」と偉そうにしていたら
　　人が去っていく。謙虚さを持って人に接しよう。

113 今日健やかに暮らせるのはたくさんの人たちのおかげ。
　　人から受けた恩を忘れずに。

114 人の意見に左右されたり批判に打ちひしがれるときは
　　まだ本気ではないということ。

116 決心したとき目の前に道が現れる。
　　その道をまっすぐ進めばいい。

117 朝、目が覚めたら、
　　今日も生かされていることに感謝する心を持とう。

118 修行僧のように必死にやらなくても
　　自分の身の丈でやればいい。

119 喜びが湧いてこなくても
　　ただひたすらやるべきことを続けていこう。

120 いつだってあなたは
　　たくさんの人たちに守られている。

121 「もうやめたい」と思い詰めたときに
　　やっと抜け出せることもある。

123 心や体が疲れているときは不安になりやすいから
　　ゆっくり休むことも大事。

124 複雑に考えすぎず「今どうしたいか」に目を向けて
　　シンプルに生きよう。

125 「願いは必ず通じる」ということを
　　証明するなんてできない。

127 勇気を出して慣れ親しんだ場所から抜け出して
　　新しい世界を体験しに行こう。

誰にアドバイスをもらうかは、
しっかり熟考して
自分で決めたほうがいい。

偉人の言葉として語られる話も人を介して少しずつ変わっていく。誰の話を聞いて、何を自分の人生に採用するのかは自分でしっかり見極めよう。

上人のおほせにあらざる異義どもを近来はおほくおほせられあうてさふらふよしつたへうけたまはる（略）。『異義条々　序』

本当に優れた人は
自分の能力をひけらかして
相手を脅かしたりしないもの。

相手に向かって強い口調で、自分の知って
いることを突きつけるのは本当に優秀な人
がすることではない。相手の考えも聞かな
いで、頭ごなしにものを言うのはやめよう。

「なんぢは誓願不思議を信じて念仏まうすか。また名号不思議を
信ずるか」と、いひおどろかし（略）。『異義条々 第一条』

いろいろ考えすぎず
ただ信じて進んでみたら
うまくいくかもしれない。

自分を信じるだけで悩みがなくなって元気
になれることだってある。知識や情報に囚
われすぎたり人に期待するのではなく自分
の足で踏み出してみよう。

誓願の不思議によりて、やすくたもち、となへやすき名号を案じ
いだしたまひて、この名字をとなへんものをむかへとらんと御約
束あること（略）。『異義条々　第一条』

知識を振りかざして
詰め寄ったりせずに
相手を思いやってみよう。

あなたが知っていることを知らない人もい
る。全否定したり、あなたが思う正しさを
突きつけたりすると相手が落ち込んでしま
うかも。伝えることが相手のためになるの
かどうか言葉を発する前に考えてみよう。

ふたつの不思議を子細をも分明にいひひらかずして、ひとのこ
ころをまどはすこと。『異義条々　第一条』

「自分は恵まれている」
という視点で世界を見たら
もっと優しくなれる。

自分にないものばかりに目を向けていると
苦しくなっていく。自分が恵まれていると
いう視点を持てば、思わず「ありがとう」
と言いたくなるような世界が見える。

弥陀の大悲大願の不思議にたすけられまゐらせて生死をいづべ
しと信じて、念仏のまうさるるも如来の御はからひなりとおもへ
ば、（略）実報土に往生するなり。『異義条々　第一条』

良いか悪いかで考えるよりも
もっと視野を広げて
おおらかに物事を
受け止めよう。

これをしたから良い、あれをしたから悪い
と決めてかからなくてもいい。自分と違う
考えを持つ人を否定しなくていい。いろい
ろな人がいて、考え方があって違いがある
ことを認め合おう。

善・悪のふたつにつきて、往生のたすけ・さはり二様におもふは、
誓願の不思議をばたのまずして、わがこころに往生の業をはげ
みて、まうすところの念仏をも自行になすなり。『異義条々　第
一条』

未来を知ることは
できないけれど、未来は明るいと
信じることはできる。

将来なんて誰にもわからない。見えない
未来に怯えずに今日を精一杯に生きること。
自分を幸せにできる力は自分の中にあるし、
未来は今日の自分がつくりだすもの。

信ぜざれども、辺地・懈慢・疑城・胎宮にも往生して、果遂の
願のゆゑにつひに報土に生ずるは、名号不思議のちからなり。『異
義条々　第一条』

知識があるかないかだけで
相手のことを判断して
見下すなんてかっこ悪い。

知識をひけらかす人がいるけれど、他人と
比べたがる人というのは、実は人よりも上
に立ちたいだけだったりする。本当にかし
こい人というのは誰とでも分け隔てなく接
することができる人。

経釈をよみ学せざるともがら往生不定のよしのこと。この条、す
こぶる不足言の義といひつべし。『異義条々　第二条』

勉強がすべてではない。
でも、かなえたいことがあるのなら
努力してみるのもいい。

勉強ができる人、知識がある人のほうが優れているということはないし、学のない人が劣っているということもない。誰もがみんな、幸せになっていい。そのために努力するだけ。

本願を信じ、念仏をまうさば仏になる、そのほかなにの学問かは往生の要なるべきや。『異義条々　第二条』

むずかしい言葉ではなく
誰にでも伝わるように
わかりやすく話せる人がいい。

自分を優秀に見せようと、知識をひけらか
したりあえてむずかしい言葉を使おうとし
ないで。本当に優秀な人は誰にでもわかる
言葉で説明できる。

一文不通にして、経釈のゆくちもしらざらんひとのとなへやすか
らんための名号におはしますゆゑに易行といふ。『異義条々　第
二条』

本に書いてあることを
鵜呑みにするのではなく
その真意について考えてみよう。

だらだらと本を読んでいては見えてこない
真実があったりする。なぜその本が書かれ
たのか。そこで何を伝えたいのか。自分な
りに考えながら読んでみよう。

聖教の本意をこころえざる条、もつとも不便のことなり。『異義
条々 第二条』

手当たり次第に学ぶより
自分にとって必要な知識を
正しく得ることに注力しよう。

知識を得たり、資格を取ったりすることに
没頭してしまう人がいるけれど、本当に大
切なのは、自分に必要なものを見極めて仕
事や日々に生かすこと。必要な学びを人生
に取り入れよう。

このことわりにまよへらんひとは、いかにもいかにも学問して、
本願のむねをしるべきなり。『異義条々　第二条』

相手は相手、
自分は自分。
それぞれに大切なものがある。

自分の正しさを認めさせようとすると自分
が生きづらくなるだけ。自分の正しさを主
張したり相手の間違いを露骨に指摘したり
しないで、お互いの価値観を尊重しよう。

「わが宗こそすぐれたれ。ひとの宗はおとりなり」といふほどに、
法敵もいできたり、謗法もおこる。『異義条々　第二条』

誰かに勝つために
必死にがんばらなくてもいい。
自分らしく生きることが大事。

誰かに勝つことを目指すと幸せからは遠ざ
かってしまう。名声や利益を求めてがんば
るよりも、他人と比較しないで自由な自分
の世界を謳歌しよう。

「あやまて学問して名聞利養のおもひに住するひと、順次の往生
いかがあらんずらん」といふ証文もさぶらふべきや。『異義条々
第二条』

自分が好きなことを
誰かに否定されたとしても
堂々と「これが好き」と言おう。

好きなものを笑われたり馬鹿にされたりし
ても気にしないで。自分を信じて堂々とし
ていればいい。信じるものを否定する権利
は誰にもないのだから。

たとひ諸門こぞりて、「念仏はかひなきひとのためなり。その宗
あさし、いやし」といふとも、（略）御さまたげあるべからず（略）。
『異義条々　第二条』

人の心を疲弊させるような
争いの場からは
さっさと立ち去ること。

話し合いができない人と言い争うのは時間
の無駄。付き合っていたら心が疲れてしま
うから、さっさとその場から離れて自分ら
しくいられる場所を探そう。

「諍論のところにはもろもろの煩悩おこる。智者遠離すべき」よ
しの証文さふらふにこそ。『異義条々　第二条』

ひとつのものごとに
信じる人と信じない人の
どちらもいるのは自然なこと。

好きなことや信じているものは誰もが違っ
てあたりまえ。いろいろな考え方があるこ
とをお互いに認められればもっと楽しく生
きられる。

仏の、かねて信謗ともにあるべきむねをしろしめして、ひとのう
たがひをあらせじととときおかせたまふことをまうすなり(略)。『異
義条々　第二条』

「自分は絶対幸せになれる」と
信じている人は、
どんな状況でも幸せになれる。

過去に良いことをした人にも悪いことをし
た人にも平等にチャンスはある。これまで
の人生は関係なく「幸せになる」と決めた
人には必ず幸せがやってくる。

「いやしからん身にて往生はいかが」なんどあやぶまんひとにも、
本願には善・悪・浄・穢なきおもむきをもときかせられさふら
はばこそ（略）。『異義条々　第二条』

「これしか方法がない」と
思い込むのは
危険なこと。

同じ場所にたどり着くにも、さまざまな方
法がある。だから自分に合った方法を選べ
ばいい。「これしかない」と思い込んで人に
その方法を押しつけるのはやめよう。

「学文してこそ」なんどいひおどさるること、法の魔障なり。仏
の怨敵なり。『異義条々 第二条』

人に期待するのではなく
自分を信じて
自分のために進もう。

人のことばかり気にするのはやめて、自分
の望みをしっかりと理解して、自分の願い
をかなえるために邁進しよう。自分がやる
べきことに専念していればいつでも心穏や
かでいられる。

つつしんでおそるべし、先師の御こころにそむくことを。かねて
あはれむべし、弥陀の本願にあらざることを。『異義条々　第二条』

誰かに見られていなくても
悪いことをすれば
自分の心が傷つくよ。

良いことをしたときも悪いことをしたとき
も誰より自分が一番近くで見ている。自分
に嘘はつけないから自分自身を認められる
ような行動をしよう。

悪をおそれざるは、また、本願ぼこりとて往生かなふべからずと
いふこと。『異義条々　第三条』

尊敬する人から言われたことも
自分が違うと思ったなら
きちんと伝えたほうがいい。

有能な人や尊敬する人に指示されたからと
いって、何でも鵜呑みにしてしまうのは危
険。違うと思ったらきちんと伝えたほうが
いい。お互いへの理解が深まることもある。

「おほせにてはさふらへども、一人もこの身の器量にてはころし
つべしともおぼえずさふらふ」（略）。『異義条々　第三条』

これまでがうまくいかなくても
これからの人生で
大成功したっていいんじゃない？

良いことをしたから幸せになれるとか、悪
いことをしたから不幸になるとか、人は勝
手に考えてしまうけれど自分を信じていれ
ば誰だって幸せになれる。

われらがこころのよきをばよしとおもひ、あしきことをばあしと
おもひて、願の不思議にてたすけたまふ（略）。『異義条々　第
三条』

怒られないからといって
わざわざ悪いことをして
気を引くなんてナンセンス。

罰則がないからといってルール違反をして
もいいということではない。自分の良心を
大切にして毎日を過ごそう。

「悪をつくりたるものをたすけんといふ願にてましませば」とて、
わざとこのみて悪をつくりて、(略) かの邪執をやめんがためなり。
『異義条々　第三条』

あとでなんとかなるからと
今を適当に過ごせば
人生はずっとつまらないまま。

薬で治すことができるからって、わざわざ
体に悪いことをして病気になるようなこと
はしないよね。それよりも、薬が必要ない
ような生活を日々積み重ねていこう。

「くすりあればとて毒をこのむべからず」（略）。『異義条々　第三
条』

人生は偶然の連続。
良いことが重なることもあれば
悪いことが重なることもある。

良い行いをしていても、悪いことばかりが
続けて身に降りかかることもある。不運に
見舞われたとしても挽回するチャンスは必
ずくる。だからどっしり構えていよう。

「さるべき業縁のもよほさば、いかなるふるまひもすべし」(略)。
『異義条々　第三条』

どんな仕事をしている人も
社会に必要とされているのだから
胸を張って生きよう。

仕事の種類によって人に優劣がつくわけで
はない。どんな仕事も誰かに必要とされて
いるから存在している。どっちが偉いなん
てことはありえない。

「うみ・かはにあみをひき、つりをして世をわたるものも、野や
まにししをかり、とりをとりていのちをつぐともがらも、あきな
ひをし、田畠をつくりてすぐるひとも、ただおなじことなり」と。
『異義条々　第三条』

欲張りだっていいじゃない。
やりたいことがたくさんあるって
素敵なこと。

自分の思いにまっすぐでいよう。やりたい
ことがあるならそこに向かって全力で進も
う。欲しいものがあるなら「欲しい」って手
を伸ばそう。

煩悩を断じなばすなはち仏になり、仏のためには五劫思惟の願そ
の詮なくやましまさん。『異義条々　第三条』

自分がしてきた悪いことも
今抱えている不安も
全部持ったまま前に進もう。

誰にだって言いたくない過去や抱えている
不安、問題はある。だからといって一生そ
の状態が続くわけでも、この先の未来が開
かないわけでもない。

おほよそ悪業・煩悩を断じつくしてのち本願を信ぜんのみぞ願
にほこるおもひもなくてよかるべき（略）。『異義条々　第三条』

何が正しいかは立場で変わる。
人の間違いを正そうと
必死になるのはやめよう。

何が良くて何が悪いかは簡単に決められる
ものではないし、その時の状況次第で変わ
る。いろいろな考え方があるのだから、自
分の正しさを振りかざさないようにしよう。

本願ぼこりといましめらるるひとびとも煩悩・不浄具足せられて
こそさふらふげなれ。『異義条々　第三条』

自分の過去に
押し潰されそうなときは
心静かに自分と向き合おう。

過去にしてしまった行いを引きずっていると心が疲弊してしまうし、自分のことを嫌いになってしまう。時には一人で静かに過ごして自分の心と向き合ってみよう。

十悪・五逆の軽重をしらせんがために、一念・十念といへるか。滅罪の利益なり。『異義条々　第四条』

「ありがとう」をたくさん言おう。感謝の言葉を使っていたら良いことも起きるよ。

良い言葉を使っていると、不思議と良いことが起きるもの。いつも感謝の言葉を口にしていると良いことに目がいくようになる。「ありがとう」を口ぐせにしよう。

念仏はみなことごとく如来大悲の恩を報じ、徳を謝すとおもふべきなり。『異義条々 第四条』

自分の力では
どうしようもないことに
囚われていてもしかたがない。
今できることをやろう。

自分の人生を全部思った通りにしようというのは無理なこと。できないこともあるけれど、できることもある。自分にできることを精一杯やってみよう。

業報かぎりあることなれば、いかなる不思議のことにもあひまた病悩・苦痛をせめて、正念に住せずしてをはらん（略）。『異義条々　第四条』

誰かを傷つけたことを
ずっと後悔し続けるより、
今からでも「ごめん」と謝ろう。

どんなに気をつけても自分の言葉で人を傷
つけてしまうことはある。それに気づいた
ら「ごめんね」と、勇気を出して素直に言っ
てみよう。

摂取不捨の願をたのみたてまつらば、いかなる不思議ありて罪
業ををかし、念仏まうさずしてをはるとも、すみやかに往生をと
ぐべし。『異義条々 第四条』

一歩一歩進むことが大切。
あきらめずにがんばれば
最後は必ずたどり着ける。

人生はすべて自分の思ったようにいくとは
限らないけれど、自分の理想や夢に向けて
あきらめずに一歩ずつ進んでいれば必ず最
後は行きたい場所にたどり着ける。

いのちつきんまで念仏退転せずして往生すべし。『異義条々 第
四条』

つらいときや不安なときは
目的を決めて動いてみよう。
その先に答えがあるかもしれない。

嫌なこと、つらいことがあって苦しいとき
こそ行動し続けよう。目的をつくって体を
動かせば、どんなに大変な現状でも自然と
打開できることもあるから。

一念に八十億劫の重罪を滅すと信ずべしといふこと。『異義条々
第四条』

黒歴史を
消し去ろうとするより
これからどう生きるか。

自分の人生に起きた不運や、やってしまっ
た悪いことを自分の都合よく消し去ること
はできない。これからの生き方を大切にし
ていればいつかはすべて許される。

また念仏のまうされんも、ただいまさとりをひらかんずる期のち
かづくにしたがひても、（略）御恩を報じたてまつるにてこそさ
ふらはめ。『異義条々　第四条』

自分ができるからって
できない人のことを
見下すのはかっこ悪い。

人には得意不得意があるしそれぞれやるべ
き役割がある。自分ができることをできて
いない人に横柄な態度を取るのは大きな間
違い。それぞれのよさを認めて生きよう。

これ、みな難行、上根のつとめ、観念成就のさとりなり。『異義条々
　第五条』

誰にだって
挽回の機会はある。
タイミングを逃さないで。

何かに秀でていなくてもチャンスはあるし、
いい人でなくても幸せになれる。ありのま
まの自分を大切にしながら、日々コツコツ
とがんばって。チャンスをものにしよう。

これ、また易行、下根のつとめ、不簡善悪の法なり。『異義条々
　第五条』

自分の能力を見くびるのは
自分に失礼。
何だって挑戦してみよう。

自分にはさほど能力がないと思っていても、
小さな努力を積み重ねていけば、必ず目的
の場所にたどり着ける日がくる。大切なの
はやってみること。そしてやり続けること。

弥陀の願船に乗じて、生死の苦海をわたり、報土のきしにつきぬ
るものならば、煩悩の黒雲はやくはれ、（略）さとりにてはさふ
らへ。『異義条々　第五条』

可哀想な人を救おうなんて
おこがましい。
自分のことをまずがんばろう。

困っている人を放っておけない人がいる。
でもその人が本気で変わりたいと思わない
限り助けることなんてできない。それより
も自分のことに集中しよう。

この身をもてさとりをひらくとさふらふなるひとは、釈尊のごと
く種々の応化の身をも現じ、（略）利益さふらふにや。『異義条々
　第五条』

悪いことをした人を
一斉に責め立てる人たち。
本当にそれでいいの？

正義と悪は表裏一体。だからこそ悪事は
なくならない。誰かが間違いを犯した時に、
大勢で一緒になって責め立てるよりも、自
分の考えを持って真実を見極めよう。

おほよそ今生においては煩悩・悪障を断ぜんこときはめてありが
たきあひだ（略）。『異義条々　第五条』

すごい人にだって
最初の一歩はあった。
その一歩を今踏み出そう。

どれだけ優秀な人だって最初からできてい
たわけではないし、完璧な人なんていない。
振り返ったときに「いい人生だった」と思え
るように今日、最初の一歩を踏み出そう。

真言・法花を行ずる浄侶なほもて順次生のさとりをいのる（略）。
『異義条々　第五条』

人は不完全な生き物。
完璧にはなれないけれど
自由に生きることはできる。

この世に生きている限り、誰もがみんな、
欲やエゴを捨てきれない。だから、完璧な
人、いい人になろうと必死になる必要など
ない。それよりも自分らしく生きる道を模
索しよう。

煩悩具足の身をもてすでにさとりをひらくといふこと。この条、
もてのほかのことにさふらふ。『異義条々　第五条』

見守ることも友情。
求められたときに
手を差しのべて。

誰かを助けることに必死になりすぎて、自分のことをおろそかにしてしまうのはやめよう。「この人は自分で自分を助けられる」。そう信じて見守ることも時には必要。相手が望むサポートだけをしよう。

ひとたび摂取してすてたまはざれば、六道に輪廻すべからず。『異義条々　第五条』

自分だけが悪いと
思い込まないで。
落ち込むより前を向こう。

人生はいろいろなことが起きる。怒ったり、
傷つけたり、けんかしたりすることもある。
そのすべての責任が自分にあると思って、
落ち込む必要はない。

信心の行者、自然にはらをもたて、あしざまなることをもをかし、
（略）かならず廻心すべしといふこと。この条、断悪修善のここ
ちか。『異義条々　第六条』

今のままではダメだと
心の底から気づいたときに
人は変わることができる。

自分の力だけではどうにもならなくなった
ときに、新しい道が見えてくることもある。
その気づきを得るために一人で、のたうち
まわる時間があってもいい。

日ごろのこころにては往生かなふべからずとおもひて、もとのこ
ころをひきかへて本願をたのみまゐらするをこそ廻心とはまうし
さふらへ。『異義条々　第六条』

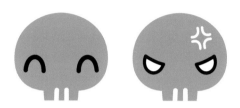

すべてを善悪で考えない。
「悪人」をただ避けたって
幸せにはなれない。

良いか悪いかの二択で判断すると自分の価
値観に囚われすぎて判断をあやまることも
ある。良いも悪いも両方あるのが自然なこ
とだから「それもありだね」と認めてみよう。

一切の事にあした・ゆふべに廻心して往生をとげさふらふべくは、
（略）摂取不捨の誓願はむなしくならせおはしますべきにや。『異
義条々　第六条』

ものごとを自分の考えだけで
すぐに決めつけていたら
大切なことが見えなくなる。

この世界には、良い人も悪い人もいるけれど「あの人は悪い人だから」と即断するのはやめよう。自分の世界が狭くなるし、他人の良さにも気づけなくなる。

こころにはさこそ悪人をたすけんといふ願不思議にましますといふとも、さすがよからんものをこそたすけたまはんずれとおもふ（略）。『異義条々　第六条』

覚悟するって大切。
自分の心が決まれば
物事は動き出すから。

自分が迷っているうちは何をやってもうま
くいかないし、やるべきことも見えてこな
い。自分の心が定まれば、道が見えてくる。
これをやり遂げるという覚悟を持とう。

信心さだまりなば、往生は弥陀にはからはれまゐらせてすること
なれば、わがはからひなるべからず。『異義条々　第六条』

違う能力を持った人同士が
手を組むことで
大きな力が生まれる。

今の自分に足りないものがあっても、それ
を補ってくれる人たちがいる。ひとりでなん
とかしようとするよりも、お互いの力を
持ち寄って協力すれば、ずっと大きなこと
を成し遂げられる。

わがはからざるを自然とまうすなり。これ、すなはち他力にて
てまします。『異義条々　第六条』

うまくいかないときは
自然の流れに
身を任せてみればいい。

ものごとがうまくいかないときは、自分よ
りも大きな力を信じて自然の流れに任せて
みよう。落ち着いてこの世界を見渡せば、
今必要なことが見えてくる。

わろからんにつけてもいよいよ願力をあふぎまゐらせば、自然の
ことわりにて、柔和・忍辱のこころもいでくべし。『異義条々
第六条』

みんなが言っているからといって
それが正しいこととは限らない。
自分の頭で考えよう。

周りの人たちが言っているからといって、
何も考えずにそれに従うのはやめよう。た
だみんなに同調するのではなく、きちんと
考え、自分なりの答えを出すことが大切。

学生だつるひとのなかにいひいだきるることにてさふらふなるこ
そ、あさましくさふらへ。『異義条々　第七条』

不幸になることを恐れるよりも
「誰もが幸せになれる」って
信じてみてもいいんじゃない？

心のどこかで「がんばっても失敗する」と
疑っているなら、結局はうまくいかなくな
る。心から信じて行動すれば、望む場所に
たどり着ける。

「信心かけたる行者は、本願をうたがふによりて辺地に生じて、
うたがひのつみをつぐのひてのち、報土のさとりをひらく」とこ
そうけたまはりさふらへ。『異義条々 第七条』

良い情報を得たいなら
言われたことを
きちんと考えよう。

人が言うことを反射的に否定する人がいる
けれど、それでは良い情報をとり逃してしま
う。何にでも、良い面と悪い面があるの
だから良い面に光をあてるくせをつけよう。

「つひにむなしくなるべし」とさふらふなるこそ、如来に虚妄を
まうしつけまゐらせられさふらふなれ。『異義条々　第七条』

何か大きなことを
成し遂げたいなら
小さなことから始めよう。

最初から大きなことをしなくてもいい。す
ぐにうまくいかなくても大丈夫。小さな一
歩が大事。毎日の積み重ねは必ず大きな成
果につながっているから。

仏法のかたに施入物の多少にしたがて、大小仏になるべしとい
ふこと。この条、不可説なり、不可説なり。『異義条々　第八条』

人の一面だけを見て
良い人、悪い人と
決めつけるのはやめよう。

人は誰もがいろんな顔やいろんな過去を
持っている。その人の一面だけを見て勝
手に「あの人は悪い」「あの人はダメだ」と、
決めつけないようにしよう。

まづ、仏に大小の分量をさだめんことあるべからずさふらふか。
『異義条々　第八条』

お金をたくさん持っていても
自分や仲間を信じられない人生は
楽しくないんじゃない？

お金でできることはたくさんあるけれど、
信じる心を持っていないなら幸せは遠のい
てしまう。友人や家族、夢、希望など……
お金で買えないものを大切にしよう。

いかにたからものを仏前にもなげ、師匠にもほどこすとも、信心
かけなばその詮なし。『異義条々　第八条』

自分がやりたいことをやろう。
最初は見向きもされなくてもいい。
必ず認められる日がくる。

社会の常識と違うことをやりはじめると批判も出てくる。でも自分はこれが好き、これをやりたいと、自分を信じて進んでいれば、やがて応援してくれる人が現れる。

法然聖人の御とき、御弟子そのかずおはしけるなかに、おなじく御信心のひともすくなくおはしけるにこそ。親鸞御同朋の御なかにして御相論のことさふらひけり。『異義条々　後記』

どんなことにも
賛否両論あるのがあたりまえ。
いろんな考えがあっていい。

上司や先輩が言うことに、批判が起きる
こともある。「そういう考えもある」と捉え、
そこで議論が起きるからこそ、価値観や目
的を整理できる。

御同朋達もてのほかにあらそひたまひて、「いかでか聖人の御信
心に善信房の信心ひとつにはあるべきぞ」とさふらひければ、（略）
またくことなることなし。『異義条々　後記』

相手が思っていることを
正しく理解するのはむずかしい。
コミュニケーションが大切。

相手の行動や思いがどこにあるのか、真実
を見極めるためにも、自分の目で見て、聞
いてコミュニケーションをしっかり取って
相手のことを知ろう。

おほよそ聖教には、真実・権仮ともにあひまじはりさふらふなり。
『異義条々　後記』

縁を大切にすれば道は開ける。
支えてくれている人たちの
存在に気づこう。

誰もがみんなひとりで生きているわけでは
ないから人の縁を大切にしよう。自分を応
援してくれる人の存在に気づくと、生きや
すくなるし力が湧いてくる。

善導の、「自身はこれ、現に罪悪・生死の凡夫、曠劫よりこのか
たつねにしづみ、つねに流転して、出離の縁あることなき身とし
れ」といふ金言にすこしもたがはせおはしますず。『歎異抄　序』

「あの人が言っていたよ」
という言葉を鵜呑みにはせず
本人に確認してみよう。

誰かの言葉を都合よく使って自分の思うま
まに相手を動かそうとする人もいる。又聞
きしたことはきちんと自分で確認したほう
がいい。

ひとのくちをふさぎ、相論をたたんがために、またくおほせにて
なきことをもおほせとのみまうすこと、あさましく、なげき存じ
さふらふなり。『歎異抄　序』

世界は自分が思っているより
優しい。そう思って
現実を見てみれば
迷いから抜け出すことができる。

自分がやっていることに自信が持てず、ま
わりは敵ばかりと思い悩んでしまう人がい
るけれど、世界は自分が思うより優しいと
気づけば穏やかな気持ちで生きられるよう
になる。

われらが身の罪悪のふかきほどをもしらず、如来の御恩のたか
きことをもしらずしてまよへるをおもひしらせんがためにてさふ
らひけり。『歎異抄　序』

善と悪で判断するより
みんなが幸せになれる
方法を考えるほうがいい。

善悪の判断はむずかしい。自分から見れば
相手が悪者でも、相手から見ればこちらが
悪者に見える。みんながよい状態になるに
はどうしたらいいのかを考えよう。

善・悪のふたつ惣じてもて存知せざるなり。『歎異抄　序』

信じる力は偉大。
信じ続けられる人には
ちゃんと道が開けるもの。

信じて、続けることが願いをかなえる一番
の方法。なにがあっても最後まで自分を信
じ続けたらきっと味方が現れる。

往生をばとぐるなりと信じて、念仏まうさんとおもひたつこころ
のおこるとき、すなはち摂取不捨の利益にあづけしめたまふなり。
『歎異抄 第一条』

未熟だからとか
年だからとか関係ない。
今やりたいことをやろう。

「まだ自分には早い」と挑戦しなかったり、
「年をとっているからもうできない」とあ
きらめたりするのはもったいない。挑戦す
るのに早すぎることも遅すぎることもない。
いつからでもスタートできる。

弥陀の本願には、老・少・善・悪のひとをえらばれず、ただ信
心を要とすとしるべし。『歎異抄　第一条』

「悪いことが起きたらどうしよう」
不安になるときは
胸に手を当てて「大丈夫」と言おう。

思っているほど恐ろしいことは起きない。
未来に不安を感じるときは心を落ち着ける
ために自分に向けて「大丈夫」って伝えよう。
それだけで、将来への恐れは消えるから。

悪をもおそるべからず。弥陀の本願をさまたぐるほどの悪なきゆ
ゑに（略）。『歎異抄　第一条』

答えを人に求めすぎない。
どう生きるべきかは
誰も教えてくれないから。

人生がうまくいく方法が他にもなにかある
かもしれないと正解を求めてあちこち駆け
回っても、答えはなかなかみつからない。
答えはいつも自分の中にあるから。

念仏よりほかに往生のみちをも存知し、また法文等をもしりたる
らんとこころにくくおぼしめしておはしましてはんべらんはおほ
きなるあやまりなり。『歎異抄　第二条』

やらずに後悔するよりも
やってみたほうがいい。
失敗しても経験になるから。

勇気を出してやってみたことは、うまくい
かなくても経験という財産になる。結果を
気にせずにやってみよう。やらなかったこ
とは、心の中でずっと「やればよかった」
とくすぶり続けることになる。

たとひ法然聖人にすかされまゐらせて念仏して地獄におちたりと
も、さらに後悔すべからずさふらふ。『歎異抄　第二条』

人生がうまくいくコツは
意外と単純。
「うまくいく」って信じること。

成功の法則を伝えるものはたくさんあるけ
れど、いい人生を送るための秘訣は簡単。
いつも「うまくいく」と信じてやってみる。
それだけで現状が好転することもある。

親鸞におきては、ただ、〝念仏して弥陀にたすけられまゐらすべ
し〟とよきひとのおほせをかぶりて信ずるほかに別の子細なきな
り。『歎異抄　第二条』

大切なものを曲げてまで
人の要求に無理に
応える必要はない。

自分の信念を曲げてまで相手の求めるもの
に応えるのは大きな間違い。「あなたの期
待に応えてくれる人もいるはず」と別の道
を教えてあげるのも、大事なこと。

南都・北嶺にもゆゆしき学生たちおほく座せられてさふらふなれ
ば、かのひとにもあひたてまつりて往生の要よくよくきかるべき
なり。『歎異抄　第二条』

人が言うことを
何もかも疑うより、
信じる心を持ってみよう。

人が教えてくれた方法に対して「本当にそ
うだろうか」と疑ってばかりでは物事は進
まない。自分なりに情報を収集して「信じ
る」と決めたら一直線にやり遂げよう。

善導の御釈まことならば、法然のおほせそらごとならんや。『歎
異抄　第二条』

自分にできることを
精一杯やったら
あとは結果を待つのみ。

できないことをがんばろうとしても苦しい
だけ。簡単でもいいから自分にできること
を一生懸命にやろう。自分なりにがんばっ
ていたらよい結果につながっていく。

いづれの行もおよびがたき身なれば、とても地獄は一定すみか
ぞかし。『歎異抄 第二条』

本気でやってみてできなかったら
「よくがんばったね」と
自分を褒めよう。

促されてやってみて失敗すると、人のせい
にしてしまいがち。だから自分で選んだこ
とを一生懸命にやる。結果がどうであれ、
自分の意思でやったことは誇りに思える。

自余の行もはげみて仏になるべかりける身が念仏をまうして地獄
にもおちてさふらはばこそ、すかされたてまつりてといふ後悔も
さふらはめ（略）。『歎異抄 第二条』

自分の意見を言う前に
尊敬する人の話を
まずしっかり聞いてみる。

尊敬する人の話からは、自分が思いつきも
しなかったアイデアやアドバイスが得られ
ることもある。自分の意見を通す前に耳を
傾ければ、新たな考えが生まれるかも。

法然のおほせまことならば、親鸞がまうすむね、またもてむなし
かるべからずさふらふ歟。『歎異抄　第二条』

誰かが勧めることを
やるかやらないかは
その人次第。

自分が良いと思っていることをすべての人
が良いと思うわけではない。人が良いとい
うものを必ず取り入れる必要もない。自分
が良いと思うことをやればいい。

念仏をとりて信じたてまつらんとも、またすてんとも、面々の御
はからひなり（略）。『歎異抄　第二条』

得するからではなく、
いつだって良いことを選んでする。
そのほうが気持ちよく過ごせるよ。

最終的に自分が得をするために良いことを
するのは欲であって本当に幸せになるため
の道ではない。いつだってみんなが幸せに
なる方向を目指して良い道を選んでいこう。

自力作善のひとは、ひとへに他力をたのむこころかけたるあひだ、
弥陀の本願にあらず。『歎異抄　第三条』

これまでの人生で
良い行いができなかった人にも
良いことは起きる。

良いことをした人には良いことが起きる。
でも、これまで悪いことをしてきた人にも
これから良いことが起きてもいい。人生は
いつだってやりなおせるのだから過去の自
分の行いを責めるのはやめよう。

「善人なほもて往生をとぐ、いはんや悪人をや」。『歎異抄　第三
条』

誰もが弱さを持っているから
迷いがあるのは当然。
迷ってもいいからやってみよう。

人生には迷いや悩みはつきもの。悩まない
ようにしようとするよりも、迷っても悩ん
でも、前に進むほうがいい。そのままの自
分にダメ出しをせずに今できることをやっ
ていこう。

煩悩具足のわれらはいづれの行にても生死をはなるることある
べからざる（略）。『歎異抄　第三条』

強い人にならなくていい。
必要なときに
助けを求めよう。

勇気がなくても、心が弱くてもいい。助
けてくれる仲間や家族がいたらきっと動き
出せるし、何でもできる。「助けてほしい」
と言えることも人生の大きな一歩だから。

悪人成仏のためなれば、他力をたのみたてまつる悪人、もとも
往生の正因なり。『歎異抄　第三条』

すべての人の役に
立とうなんて無理。
完璧を求めすぎず
自分ができる範囲でやろう。

人のために、社会のために、とがんばって
も相手の役に立てることも立てないことも
ある。思ったようにいかないこともたくさ
んある。困っている人がいたら、どんな助
けが必要か聞いてみて、自分にできる範囲
で行動しよう。

この慈悲始終なし。『歎異抄　第四条』

同じ分野で学んでいても
考え方が違うこともある。
それぞれ意見交換しよう。

同じ分野を学んでいてもいろんな流派があ
るし考え方もそれぞれ。「自分のほうが正し
い」と息巻くより互いの意見を交換して
みよう。新しい発見があるかもしれない。

慈悲に聖道・浄土のかはりめあり。『歎異抄　第四条』

苦しくてつらいときこそ
大切な人や家族を想おう。
きっと力を与えてくれる。

すべての生命はつながっていて大きな家族
のようなもの。苦しいときやつらいときは
大切な人と笑い合った日のことを思い出し
てみよう。

わがちからにてはげむ善にてもさふらはばこそ、念仏を廻向して
父母をもたすけさふらはめ。『歎異抄　第五条』

家族や友人が困っていたら
「助けてあげよう」と思うより
「この人は大丈夫」と信じてみよう。

苦しみの中にいても信じてくれる人がいれ
ば必ず立ち直れるし前を向くことができる。
だから、助けるよりもまずは大切な人を信
じて見守ってあげよう。

六道・四生のあひだいづれの業苦にしづめりとも、神通方便をも
てまづ有縁を度すべきなり（略）。『歎異抄　第五条』

派閥争いなんてみっともないし
誰に学んだかなんて関係ない。
ひとりひとりの志が大切。

誰が誰の味方なんて気にしない。同じ志が
あるのなら小さな違いなんて関係ない。

わが弟子、ひとの弟子といふ相論のさふらふらんこともてのほか
の子細なり。『歎異抄　第六条』

部下も後輩も
同じチームメイトだから
尊重して接しよう。

部下も後輩も同じチームの仲間。教えてあ
げることはあっても上司や先輩が偉いわけ
ではない。尊敬の心を持って相手の声に耳
を傾け、良いチームに育てていこう。

弥陀の御もよほしにあづかて念仏まうしさふらふひとをわが弟子
とまうすこときはめたる荒涼のことなり。『歎異抄　第六条』

人との縁にも
はじまりと終わりがある。
それは悲しいことではない。

無理をして縁をつなごうとしても離れる必
要があるときは離れていくもの。本当に縁
があるのならまた一緒に過ごせる日もくる
から悲しまないで。今日一緒にいる人のこ
とを大切にしよう。

つくべき縁あればともなひ、はなるべき縁あればはなるることの
ある（略）。『歎異抄　第六条』

権力を振りかざして
自分の意見を通そうとする人からは
すぐに離れよう。

目上の人、先生や上司、先輩は本来知らないことを教えてくれたり目標を達成する手伝いをしてくれたりする人。そうではなく権力にものを言わせて支配しようとする人からは離れよう。

〝師をそむきてひとにつれて念仏すれば、往生すべからざるものなり。なんどいふこと不可説なり。『歎異抄　第六条』

「自分がしてやっている」と
偉そうにしていたら人が去っていく。
謙虚さを持って人に接しよう。

誰かに対して「やってあげている」なんて
思うのはおこがましい。謙虚な心を忘れて
偉そうにしていると、日々いただいている
ものがあることに気づけなくなってしまう。

如来よりたまはりたる信心を、わがものがほにとりかへさんとま
うすにや。『歎異抄　第六条』

今日健やかに暮らせるのは
たくさんの人たちのおかげ。
人から受けた恩を忘れずに。

困っているときに助けてくれた人や、わか
らないことを教えてくれる人がいる。親切
にしてもらったことや教えてもらったこと
を忘れずにいよう。そして、自分も親切に
できる人でいよう。

仏恩をもしり、また師の恩をもしるべきなり『歎異抄　第六条』

人の意見に左右されたり
批判に打ちひしがれるときは
まだ本気ではないということ。

自分の中に迷いがあると批判や人の意見を
真に受けてしまう。本気で夢をかなえるた
めに動きはじめたら誰もその道を邪魔する
ことはできない。自分の中の本気を呼び覚
まそう。

信心の行者には、天神地祇も敬伏し、魔界外道も障碍すること
なし。『歎異抄　第七条』

決心したとき
目の前に道が現れる。
その道をまっすぐ進めばいい。

自分がその道を進むと決めたなら、行く手
を遮られるなんてことはなくなる。まっす
ぐに自分の選んだ道を進んでいれば困難が
降り注いだとしてもたくさんの人たちが導
いてくれる。

念仏者は無碍の一道なり。『歎異抄　第七条』

朝、目が覚めたら、
今日も生かされていることに
感謝する心を持とう。

さまざまな支えによって生かされていることに気づこう。人生の時間は有限。今日という日に感謝して自分の道を進もう。

念仏は、行者のために非行・非善なり。『歎異抄　第八条』

修行僧のように
必死にやらなくても
自分の身の丈でやればいい。

つらい思いをして必死にやるのではなく、
今日やるべきことを丁寧に淡々とあたりま
えのようにやる。その積み重ねがあなたを
遠くまで連れて行ってくれる。

ひとへに他力にして、自力をはなれたるゆゑに、行者のためには
非行・非善なり（略）。『歎異抄　第八条』

喜びが湧いてこなくても
ただひたすら
やるべきことを続けていこう。

仕事や勉強をしていてもやる気が湧いてこ
ないことだってある。そんな自分を否定せ
ずに毎日やるべきことをやろう。必ず目標
にはたどり着けるから。

念仏まうしさふらへども、踊躍歓喜のこころおろそかにさふらふ
こと（略）。『歎異抄 第九条』

いつだってあなたは
たくさんの人たちに
守られている。

いくらひとりで生きると粋がってみても、
ひとりで生きていける人はいない。家族や
友だち、周囲の人々に助けられている。そ
れに気づいたら今までよりもっと安心して
生きられる。

他力の悲願はかくのごとし、われらがためなりけりとしられて、
いよいよたのもしくおぼゆるなり。『歎異抄　第九条』

「もうやめたい」と
思い詰めたときに
やっと抜け出せることもある。

誰かに「もっといい場所があるよ」と教わっ
たとしても自分が決めて動かなければ意味
がない。なかなか動き出せないときは自分
の中で覚悟ができるまで待つのもあり。

なごりをしくおもへども、娑婆の縁つきてちからなくしてをはる
ときにかの土へはまゐるべきなり。『歎異抄 第九条』

心や体が疲れているときは
不安になりやすいから
ゆっくり休むことも大事。

何をやってもうまくいかないときや、体調
が悪くて体を動かせないときは、ついつい
不安になりがち。焦らずゆっくり心身を休
めて自分の本音や原因と向き合ってみよう。

いささか所労のこともあれば死なんずるやらんとこころぼそくお
ぼゆることも煩悩の所為なり。『歎異抄 第九条』

複雑に考えすぎず
「今どうしたいか」に目を向けて
シンプルに生きよう。

「自分に価値があるのだろうか」「こんな人
生に意味はあるのか」と悩んでしまうこと
もある。人生の意味を考えて悶々とするよ
りも、目の前の出来事を大切にして、子ど
ものように夢中になって生きよう。

念仏には、無義をもて義とす。『歎異抄　第十条』

「願いは必ず通じる」
ということを
証明するなんてできない。

人は何に対しても意味づけをしたり検証
したりしたがるものだけど「願いは必ず通
じる」ってことを証明するのはむずかしい。
でも信じて、努力を続けるしか道はない。

「(略) 不可称、不可説、不可思議のゆゑに」とおほせさふらひき。
『歎異抄 第十条』

勇気を出して
慣れ親しんだ場所から
抜け出して
新しい世界を体験しに行こう。

人は変わることが怖い生きもの。いくら現
状に満足していなくても慣れ親しんだ場所
から出るのは怖い。でも、思い切って飛び
込んでみたら理想の世界が待っているかも
しれない。

久遠劫よりいままで流転せる苦悩の旧里はすてがたく、いまだむ
まれざる安養浄土はこひしからずさふらふこと（略）。『歎異抄
第九条』

『歎異抄』の書き下し文は、
佐藤正英『新註　歎異抄』(朝日文庫)を参考としました。

ブックデザイン　福間優子

原稿協力　MARU

クロミの『歎異抄』
ありのままの心を開くカギ

2023 年 2 月 28 日　第 1 刷発行
2024 年 6 月 30 日　第 7 刷発行

編　者　朝日文庫編集部
発行者　宇都宮健太朗
発行所　朝日新聞出版
　　　　〒 104-8011　東京都中央区築地 5-3-2
　　　　電話 03-5541-8832(編集)　03-5540-7793(販売)
印刷製本　大日本印刷株式会社